Nicolai

MIASKOWSKY

THREE SONATAS

Opus 64 No.1, Opus 82, Opus 83

FOR PIANO

K 09961

Kalmus

CONTENTS

SONATA

Opus 64, No. 1

I

Nikolai Miaskovsky

Allegretto capriccioso

CPP/BELWIN, INC., Miami, FL 33014
Printed in U.S.A.

rit.
Poco meno mosso
p
dolce e scherzando
mf
p

mf
1. Tempo I
2. Tempo I
p
p
poco rit.
f
a tempo

ff
appassionato
p
f

m.s.
mf
piu f
cresc.
ff

poco allarg.
Tempo I
p

piu animato
sf
f
poco meno mosso
p
dolce e scherzando

8va
8va
p
mf
f

II

dolce
cresc.
dim.

rall.
p a tempo
mf

cresc.
f
cresc.
f
cresc.
3
ff
p
cresc.
rall.

Largo e appassionato
m.s.
ff
9
dim.
mp
p
mf
p
f
pp
p
pp
p
pp
p
pp

III

sf
p
8va

8va
8va
mf
p
cresc.
f
(𝅗𝅥 = ♩) Molto sostenuto
p

cresc.
f
ff
poco più agitato
poco a poco rall.

pp
stringendo
Tempo I
ff
p

8va
8va
loco
8va
mf

pp accel. al fine
cresc.
8va
8va
8va
f
ff
8va
poco dim.
8va

IV

Allegro energico

p leggiero
pp
mf e cantabile

p

rit.
pp
a tempo
3
m.d.
m.s.
p

cresc.
8va
pp

p

8va
cresc.
8va
8va
8va
f

rit.
sf a tempo
p

cresc.
f
p
mf

8va
p
8va
8va
leggiero
mf
cantabile
f

8va
f
cresc.
poco allarg.
ff
Tempo I
fff
p cresc.
f
3
8va
ff
fff
8va

SONATA

Opus 82

I

Nikolai Miaskovsky

CPP/BELWIN, INC., Miami, FL 33014
Printed in U.S.A.

rit.
p a tempo
rit.

a tempo

rit.
p a tempo
f
rit.
a tempo

rit.
p a tempo
rit.
rit.
più rit.

II

pp espress. il basso
poco più mosso
p
cresc.
più lento
mf
rit.
p

più animando
p
rit.
p
a tempo

Tempo I
rit.
pp

p
pp
p
pp
Ped.

III

Allegro giocoso

mf
p
mf
r.h.
r.h.
l.h.
f
8va
p

8va
rit.
a tempo
marcato il basso

cresc.
p subito
3
3
cresc.
f
(♮)
sf
f

pp
p
pp
p
mf
p
mf

p
r.h.
r.h.
l.h.
f
8va
p
8va
f
sf
Pesante
8va
ff
8va
sff

SONATA

Opus 83

I

Nikolai Miaskovsky

CPP/BELWIN, INC., Miami, FL 33014
Printed in U.S.A.

calando
rit.
p a tempo
rit.

più cantabile
p a tempo
espress.
espress.

rit. e dim.

Tempo I
pp
poco animando
cresc.

calando
rit.
p a tempo
rit.

cantabile
p a tempo
espress.

più tranquillo
pp
cresc.
rit.e dim.
Ped.
Ped.
Ped.
Ped.
mf
rit.
pp
Ped.
Ped.
Ped.

II

L'istesso tempo
pp
p

mf
p
p
rit.
p a tempo

p
pp
p

III

f
mf
cresc.
f
p
cresc.
dim.
pp

Ped.
pp
Ped.
p
f

molto cantabile
p

f
dim.
pp
f

p
cresc.
dim. molto
p

p
molto cantabile

p
cresc.
f
psf

cresc.
f
mf cresc.
ff